Hannelore Blohm

Bunte Gemüseküche

Kraut und Rüben, Kohl & Co.

MOEWIG

Impressum

Fotos im Innenteil:
Komplett-Büro, München (S. 9, 13, 15, 31, 33, 35, 43, 53, 83, 85)
C.B.T.-Hollandgemüse (S. 17, 39, 41, 59, 65, 67, 77, 79)
Frau Antjes Feinschmecker-Studio, Aachen (S. 19, 25, 37, 47, 49, 57, 61, 71, 73, 91, 93)
Olivenöl Verbraucher-Service (S. 81)
Union Deutsche Lebensmittelwerke (S. 27, 29)
Deutsche Frisch-Eier/Supress (S. 45, 89)
Sopexa (S. 11)
Champignons/SvL (S. 7)
CMA/SvL (S. 63, 69)
CMA/PR & P (S. 51)
Nordsee Deutsche Hochseefischerei, Bremerhaven (S. 23, 75)
Meggle (S. 55)
Dr. Muth PR, Hamburg (S. 21)
CMA/Komplett-Büro, München (S. 87)

Originalausgabe

Redaktion: Hannelore Blohm
Umschlagentwurf und -gestaltung: Werbeagentur Zeuner, Ettlingen
Umschlagfoto: Food Redaktion, Verlagsgruppe Heinrich Bauer
Auslieferung in Österreich: Pressegroßvertrieb Salzburg Gesellschaft m.b.H., Niederalm 300, A-5081 Anif
Printed in Germany 1989
Druck und Bindung: Mohndruck Graphische Betriebe GmbH, Gütersloh
ISBN 3-8118-1129-0

Gemüseplatte m

Zutaten:
1 Blumenkohl (500 g)
1 Bund Möhren
2 Kohlrabi
4 Frühlingszwiebeln
350 g Brechbohnen
Salz
weißer Pfeffer
100 g Schlagsahne
1 Glas (250 ml)
Curry-Mayonnaise
1 EL gehackte Petersilie
20 g Butter

Gemüse putzen – an den Möhren etwas Grün stehenlassen. Kohlrabi in Scheiben, Zwiebeln in Stücke schneiden, die Bohnen brechen.

Curry-Mayonnaise

Blumenkohl 20 Minuten, Möhren, Kohlrabi und Bohnen getrennt 15 Minuten in Salzwasser mit einer Prise Pfeffer kochen. Frühlingszwiebeln 2 Minuten blanchieren. Abtropfen lassen.
Die Sahne mit den Schneebesen des Handrührgerätes steif schlagen. Unter die Mayonnaise ziehen. Die Petersilie zugeben. Mit Salz und Pfeffer nachschmecken. Gemüse auf einer Platte anrichten. Den Blumenkohl mit der zerlassenen Butter beträufeln. Kohlrabi mit etwas Petersilie bestreuen. Die Curry-Mayonnaise dazu servieren. Dazu schmecken Kartoffeln.

Zubereitungszeit 1 Stunde

Appetit auf Gemüse?

Geben wir's zu: Wir sind ganz schön verwöhnt, was unsere Ansprüche ans Gemüse angeht. Frischen Spargel – aus Mexiko oder woher auch immer – gibt es, wenn's bei uns schneit und die Weihnachtsglocken läuten. Die zarten grünen Bohnen aus Spanien kommen auf den Markt, wenn bei uns die ersten Krokusse blühen. Wir denken schon nicht mehr daran, daß Auberginen und Zucchini für uns mal Exoten waren. Oder daß Paprikaschoten – heute ganzjährig zu haben – in den fünfziger Jahren fast ein Fremdwort waren.
Tüchtige Gemüsegärtner sorgen hierzulande und europaweit dafür, daß wir täglich die freie Großauswahl haben. Hinzukommen die Produkte der weltweit auch für unseren Markt produzierenden Gemüse-Anbauer. Es gibt eigentlich nichts, was es nicht gibt.
Mit einem solchen Angebot läßt sich natürlich Delikates auf den Tisch bringen. Und Frisches, was heute mehr denn je gefragt ist. Je kürzer der Weg vom Anbaugebiet zum Verbraucher – desto besser. Das sollten Sie beim Einkauf immer bedenken. Der Gesundheit und Ihrem Geldbeutel zuliebe. Unsere Rezepte können Sie mühelos nachkochen und mit wenig Aufwand die tollsten Gerichte servieren. Zu jedem Rezept gibt's natürlich ein schönes Farbfoto, das Ihnen garantiert Appetit auf Gemüse macht.

Übrigens: Alle Rezepte sind – wenn nicht anders vermerkt – für 4 Personen berechnet.

Bunte Champignonpfanne

Zutaten:
400 g kleine weiße Champignons
2 Bund Frühlingszwiebeln
250 g Kirschtomaten
3 Stiele Salbei
400 g Puten- oder Hähnchenleber
4 EL Butter
1 Becher (250 g) Schlagsahne
Salz
schwarzer Pfeffer

Unser Tip

Sicher wissen Sie es, aber es kann ja nicht schaden, noch mal daran erinnert zu werden: Leber nie vor dem Braten salzen. Das Salz entzieht ihr Flüssigkeit und die Leber wird unangenehm zäh.

Champignons, geputzte Frühlingszwiebeln und Kirschtomaten abspülen. In einem Küchentuch trockentupfen. Champignonstiele etwas kürzen, die Zwiebeln in Ringe schneiden, die Kirschtomaten halbieren. Salbeiblätter abspülen, ausschütteln und klein schneiden. Geflügelleber kalt abspülen, mit Küchenpapier trockentupfen und in Stücke schneiden.

Butter in einer großen Pfanne erhitzen. Leberstücke darin unter Wenden ca. 3 Minuten braten. Salzen, pfeffern und mit Alufolie abgedeckt warmstellen.

Champignons in die Pfanne geben. Bei starker Hitze 5 Minuten durchbraten. Hitze reduzieren. Zwiebelringe und Salbei zugeben. 2 Minuten dünsten. Die Schlagsahne angießen. Salzen, pfeffern und kurz aufkochen. Leberstücke und Tomatenhälften darin noch 2 Minuten erhitzen. Gericht mit Salz und Pfeffer abschmecken.

Dazu frisch aufgebackenes Stangenweißbrot servieren.

Zubereitungszeit ca. 35 Minuten

Sommergemüse mit Erdnuß-Zitronensoße

Zutaten:
- 15 g Dinkel
- ¼ TL Koriander
- 200 g junge Möhren
- 1 Kohlrabi (300 g)
- 200 g Zuckererbsen
- Salz
- 2 EL Butter
- 1 ½ Gemüse-Brühwürfel
- 75 g USA-Erdnußcreme
- 75 g saure Sahne
- 1 EL kleingezupfter Kerbel
- abgeriebene Schale und Saft von ½ Zitrone (unbehandelt)
- weißer Pfeffer

Unser Tip

Kleine Pellkartoffeln sind die ideale Beilage zu diesem Gericht. Vorausgesetzung ist: Man hackt 60 g Erdnußkerne, röstet sie in 1 Eßlöffel Butter goldbraun, salzt leicht und streut sie über die Kartoffeln.

Dinkel und Koriander mehlfein mahlen. Möhren schälen. Je nach Größe längs vierteln oder achteln. Kohlrabi schälen. Die zarten Blättchen zurücklassen. Beides abspülen. Kohlrabi in 1 cm dikke Scheiben, dann in 1 cm breite Streifen schneiden. Zuckererbsen abspülen und fädeln. Möhren und Kohlrabi in 1/8 l kochendes Wasser geben. Dazu 1 Eßlöffel Butter. In 8-10 Minuten bißfest garen. Zuckererbsen mit etwas Salz und 1 Eßlöffel Butter in ⅛ l Wasser nur 5 Minuten kochen. Gemüse abtropfen lassen. Auf einer Platte anrichten.

Gemüsebrühe in einen Topf geben, mit Wasser auf gut ¼ l ergänzen. Dinkelmehl und Brühwürfel zugeben und 1 Minute unter Rühren kochen. Topf vom Herd nehmen. Erdnußcreme und saure Sahne unterrühren. Kerbel zugeben. Soße mit Zitronenschale und -saft abschmecken. Etwas aufs Gemüse geben, den Rest extra servieren. Mit Kohlrabiblättchen und Kerbel garnieren.

Zubereitungszeit ca. 1 Stunde

Grünspargel mit Sahne-Hollandaise

Zutaten:
1 kg französischer Grünspargel
Salz
2 EL Essig
4 kleine Eier (Gew. Kl. 5)
2 Eigelb
1 TL Zitronensaft
110 g gekühlte Butter
½ Becher (100 g) Schlagsahne
½ TL grüne Pfefferkörner
150 g geschälte Crevetten
Alufolie

Unser Tip

Die Soße, die wir hier zum Spargel servieren, stammt aus der klassischen französischen Küche. Es ist eine Variante der echten Holländischen Soße und heißt »Sauce Mousseline«. Und daß sie Ihnen schmeckt, dafür garantieren wir.

Spargel waschen. Nur die unteren Enden schälen und ca. 1 cm wegschneiden. Wasser in einem Topf aufkochen, kräftig salzen, den Spargel einlegen und 10 bis 15 Minuten kochen. Der Spargel muß noch »Biß« haben.

Reichlich Wasser mit Salz und Essig aufkochen. Ein Ei nach dem andern in einer Schöpfkelle aufschlagen und nacheinander ins Wasser gleiten lassen. 4 Minuten darin ziehen lassen, nicht kochen. Mit einem Schaumlöffel herausheben, Warm stellen.

Spargel aus dem Sud heben. Abgetropft unter Alufolie warm stellen. Sud auf ca. 3 Eßlöffel einkochen. Eigelb in einem Stieltopf mit Zitronensaft und etwas Salz verrühren. Bei mäßiger Hitze cremig schlagen. Butter in kleinen Würfeln unterschlagen. Hin und wieder vom Herd ziehen, damit das Eigelb nicht gerinnt. Spargelsud tropfenweise zugeben. Vom Herd nehmen. Sahne steif schlagen und unterziehen. Zerdrückte Pfefferkörner zugeben. Spargel auf Tellern mit je einem Ei, Crevetten und Soße anrichten.

Dazu frisches Baguette reichen.

Zubereitungszeit ca. 40 Minuten

Shii-Take-Gemüse-Pfanne

Zutaten:
- 60 g Weizenkörner
- ⅛ l Fleischbrühe (Instant)
- 2 EL Sojasoße
- 1 Zwiebel
- 2 EL Butter
- 200 g Möhren
- 1 Kohlrabi
- 200 g kleine Zucchini
- 400 g Shii-Take-Pilze
- Salz
- schwarzer Pfeffer
- Zitronensaft
- 1 Knoblauchzehe
- 1 Kästchen Kresse

Weizenkörner über Nacht in kaltem Wasser einweichen. Am nächsten Tag abgießen. In der Fleischbrühe mit der Sojasoße 15 Minuten kochen.

Zwiebel schälen, hacken und in der heißen Butter in einer Pfanne bei geringer Hitze glasig braten. Möhren und Kohlrabi schälen, waschen und klein würfeln. Zucchini waschen, Stengelansätze abschneiden. Zucchini längs vierteln und in Stücke schneiden. Die Pilze mit Küchenpapier abreiben und die Stiele entfernen. In der Pfanne mit der Zwiebel kurz, aber kräftig anbraten. Das Gemüse untermischen. Mit Salz, Pfeffer und Zitronensaft würzen. Den geschälten Knoblauch durch die Presse hineindrücken. Fünf Minuten unter Rühren braten. Weizenkörner und die Hälfte der Brühe zugeben. Sieben Minuten erhitzen und abschmekken. Die Kresse abbrausen, die Blättchen abschneiden, aufs Gericht streuen und servieren.

Dazu schmeckt der würzige Basmati-Reis sehr gut, besonders mit ein paar Tropfen Sojasoße.

Zubereitungszeit ca. 1 Stunde (ohne Wartezeit)

Unser Tip

Shii-Take ist keine geheimnisvolle Formel, sondern der Name eines sehr aromatischen Speisepilzes, der aus dem asiatischen Raum stammt und jetzt auch bei uns gezüchtet werden kann. Er bereichert das Pilzangebot während des gesamten Jahres.

Gemüse-Fondue mit Tofu und Fleisch

Zutaten:

1 kg Gemüse: Chinakohl
Paprika, Broccoli,
Staudensellerie, Möhren,
Zucchini, Fenchel
und Blumenkohl
Salz
500 g Rinderfilet in
wurstdünnen Scheiben
300 g Tofu (firm)
2 l Hühnerbrühe
2 Frühlingszwiebeln
Kikkoman Soja-Sauce

Das Gemüse putzen, kalt abspülen und in gefällige Stücke schneiden, den Blumenkohl in Röschen teilen. Gemüse – ausgenommen den Chinakohl – 7 Minuten in kochendem, leicht gesalzenen Wasser blanchieren. Auf einer großen Platte mit den aufgerollten Filetscheiben anrichten. Den Tofu würfeln und in eine Schüssel füllen.

Hühnerbrühe in einem Fondue-Topf aufkochen. Die geputzten, gewaschenen Frühlingszwiebeln in Ringe schneiden und zugeben. Kräftig mit Soja-Sauce abschmecken. Fonduetopf auf ein Rechaud stellen und leise kochen lassen.

Jeder Tischgast steckt die kleingeschnittenen Zutaten abwechselnd auf Fonduegabeln oder legt sie in kleine Fonduesiebe und taucht sie in die Brühe. Die Tofuwürfel sind in 2 Minuten gar, Gemüse und Fleisch brauchen ca. 3 Minuten.

Dazu vier pikante Fertigsoßen servieren. Außerdem Stangenweißbrot; die Soja-Sauce zum Nachwürzen.

Vorbereitungszeit ca. 1 Stunde

Unser Tip

Lassen Sie sich das Rinderfilet von Ihrem Fleischer in Scheiben schneiden. Sie können es aber auch kurz einfrieren und dann problemlos schneiden.

KIKKOMAN
Soja-Sauce

Tomatentorte mit Basilikum

Zutaten:
250 g Mehl
125 g Butter
Salz
4 Eier (Gew. Kl. 3)
4 holländische Fleischtomaten
100 g Sahnequark
250 g mittelalter Gouda, gerieben
weißer Pfeffer
1 Bund Basilikum
Alufolie
Mehl zum Ausrollen
1 Pieform (28-30 cm ∅)

UNSER TIP

Statt Basilikum können Sie natürlich auch Kräuter wie Petersilie, Schnittlauch oder Oregano verwenden. Aber die klassische Würze für Tomaten ist Basilikum.

Aus Mehl, Butter in Flöckchen, ca. 1 Teelöffel Salz, 1 Ei und 2–3 Eßlöffeln kaltem Wasser rasch einen Mürbeteig kneten. In Folie gepackt 2 Stunden im Kühlschrank ruhen lassen. Dann auf wenig Mehl ausrollen. Die Form damit auslegen. Teigboden mit einer Gabel mehrmals einstechen. Im vorgeheizten Backofen bei 200° (Gas: Stufe 3/Umluft: 180°) auf der mittleren Schiene ca. 20 Minuten vorbacken.

Tomaten waschen, abtrocknen, in dicke Scheiben schneiden und dabei die Stielansätze entfernen. Die übrigen 3 Eier verquirlen. Mit dem Quark und dem Käse verrühren. Mit Salz und Pfeffer abschmecken. Basilikum kalt abspülen, ausschütteln, die Blätter abzupfen und in feine Streifen schneiden. Etwas zum Garnieren zurücklassen, Rest unter die Eiermasse mischen. Teigboden mit Tomatenscheiben auslegen. Quarkmasse darauf verteilen und mit Tomatenscheiben belegen. Bei gleicher Temperatur in 30-40 Minuten fertig backen. Restliches Basilikum draufstreuen.

Zubereitungszeit ca. 1 ½ Stunden (ohne Wartezeit)

Dicke Bohnen mit Möhren und Käse

Zutaten:
- 2 kg junge dicke Bohnen
- 500 g Bundmöhren
- 40 g durchwachsener Speck
- 1 Zwiebel
- 1 EL Honig
- ½ Becher (125 g) Schlagsahne
- Salz
- 150 g Gouda-Pikantje in dicken Scheiben
- 1-2 TL frische Bohnenkrautblättchen

Unser Tip

Egal, ob Sie ein Gericht mit Käse überbacken oder übergrillen, der Käse darf nur hellbraun werden. Braun gebakkener Käse schmeckt bitter, egal welcher.

Bohnenkerne aus den Schoten lösen. In einem Sieb abspülen und abtropfen lassen. Möhren putzen, abspülen und in Scheiben schneiden.

Den Speck fein würfeln und in einem Topf ausbraten. Zwiebel schälen, würfeln, zugeben und glasig braten.

Bohnenkerne und 3–4 Eßlöffel Wasser zufügen. Im geschlossenen Topf bei milder Hitze 10 Minuten zugedeckt vorgaren. Honig, Schlagsahne und die Möhrenscheiben untermischen. Noch ca. 10 Minuten köcheln. Leicht salzen und die Mischung in eine Auflaufform füllen.

Goudascheiben in Dreiecke schneiden. In vier breiten Streifen aufs Gemüse legen. Im vorgeheizten Backofen bei 225° (Gas: Stufe 4/Umluft: 200°) überbacken, bis der Käse schmilzt. Mit dem kleingezupften Bohnenkraut bestreuen.

Dazu schmecken Pellkartoffeln.

Zubereitungszeit ca. 1 ¼ Stunden

Pikantje van Gouda
Garantiert 4 Monate gereift
Echter Käse aus Holland

Mediterrane Gemüsepfanne

Zutaten:
- 4 mittelgroße Tomaten
- 1 gelbe Paprikaschote
- 1 mittelgroße Zucchini
- 1 Aubergine
- 100 g Okra
- 100 g Schalotten
- 1 Knoblauchzehe
- 5 EL Sojaöl
- 2 EL Weißweinessig
- ⅛ l klare Hühnerbrühe (Instant)
- 50 g schwarze Oliven
- Salz
- schwarzer Pfeffer
- 1 Bund Basilikum
- 25 g geriebener Parmesankäse

Unser Tip

Falls Sie Okra, die längliche, kantige, grüne Fruchtschote des eßbaren Eibisch noch nicht zubereitet haben, sollten Sie wissen, wie sie geputzt werden: Man schneidet den harten Stielansatz etwa ½ cm ab und kappt die Spitze.

Tomaten kreuzweise einschneiden, mit kochendem Wasser überbrühen, kalt abschrecken und häuten. Tomaten achteln und entkernen. Das übrige Gemüse putzen und abspülen. Paprikaschote in grobe Streifen, Zucchini und Aubergine in Scheiben schneiden. Okra – je nach Größe – halbieren. Schalotten und Knoblauch schälen. Nur den Knoblauch hacken.

Sojaöl in einer großen Pfanne erhitzen. Knoblauch und Schalotten darin leicht anbraten. Das übrige, zerkleinerte Gemüse zufügen. Essig und Hühnerbrühe angießen. Kurz aufkochen, die Oliven untermischen und das Gemüse bei mittlerer Hitze ca. 10 Minuten dünsten. Mit Salz und Pfeffer abschmecken. Gewaschenes Basilikum in feine Streifen schneiden. Mit dem Parmesan unterheben und servieren.

Dazu schmeckt Baguette.

Zubereitungszeit ca. 40 Minuten

Sojaöl

Spargel-Rotbarsch-Pizza

Zutaten für 4-6 Personen:

Für den Teig:

- 500 g Mehl
- 1 Würfel Hefe
- ¼ l lauwarme Milch
- 5 EL Öl
- 2 Eier (Gew. Kl. 3)
- 1 TL Salz

Für den Belag:

- 750 g frischer Spargel
- Salz
- 1 Prise Zucker
- 1 Stich Butter
- 800 g Rotbarschfilet
- Saft einer Zitrone
- weißer Pfeffer
- 4 Zwiebeln
- 6 EL Tomatenmark
- 100 g Salami in dünnen Scheiben
- 150 g Emmentaler, gerieben
- Fett fürs Blech

Für den Teig alle Zutaten – die Hefe zerbröckelt – in eine Schüssel geben. Mit den Knethaken des Handrührgerätes zum geschmeidigen Hefeteig kneten. Zugedeckt 45 Minuten aufgehen lassen.

Für den Belag den Spargel schälen, abspülen, in ca. 6 cm lange Stücke schneiden. In kochendes Salzwasser mit Zucker und Butter geben. Hitze reduzieren. Im geschlossenen Topf 8 Minuten garen. In einem Sieb abtropfen lassen. Fischfilet abspülen, trockentupfen, in breite Streifen schneiden und mit Zitronensaft beträufeln. Salzen und pfeffern. Die Zwiebeln abziehen und in feine Ringe schneiden.

Den Teig durchkneten. Backblech fetten. Teig ausrollen. 4–6 Pizzaböden formen und aufs Blech legen. Mit dem Tomatenmark bestreichen und den Salamischeiben belegen. Darauf die Spargel- und Fischstücke und die Zwiebelringe verteilen. Mit dem Käse bestreuen. Im vorgeheizten Backofen bei 200° (Gas: Stufe 3/Umluft: 180°) ca. 30 Minuten backen.

Dazu grünen Salat servieren.

Zubereitungszeit ca. 1 ½ Stunden (ohne Wartezeit)

Käseschaum mit Kresse auf Spargel

Zutaten:
- 1,5 kg Spargel
- Salz
- 10 g Butter
- 2 TL Zucker
- 1 Kästchen Kresse
- 2 Eier (Gew. Kl. 4)
- 100 g geriebener Gouda (Pikantje)
- weißer Pfeffer
- 4 Scheiben gekochter Schinken (à 50 g)
- glatte Petersilie
- 1 feuerfeste Platte

Spargel schälen und die holzigen Enden abschneiden. Spargel kalt abspülen und in kochendes Salzwasser mit Butter und Zucker geben. Hitze reduzieren. Spargel im geschlossenen Topf 20–25 Minuten garen. Abgetropft auf die Platte legen.

Kresse abspülen. Die Blättchen abschneiden und etwas zerkleinern. Die Eier trennen. Käse und Eigelb verrühren. Mit Pfeffer abschmecken. Eiweiß zu Schnee schlagen. Mit der Kresse unter die Käsemischung ziehen. Auf die Spargelstangen verteilen und unterm Grill goldgelb backen.

Den gekochten Schinken mit etwas Petersilie aufrollen und auf der Platte anrichten.

Dazu schmecken Salzkartoffeln und zerlassene Butter.

Zubereitungszeit ca. 1 Stunde

Unser Tip

Auch roher Schinken paßt gut zu diesem Gericht, egal, ob geräuchert oder luftgetrocknet. Ein ganz besonderer, wenn auch etwas teurer Genuß sind Räucherlachs-Scheiben zu Spargel mit Käseschaum, den man dann mit fein geschnittenem Dill vermischt.

Herzhafter Steckrübentopf

Zutaten für 6 Personen:

- 1 Steckrübe (ca. 1,5 kg)
- 375 g Zwiebeln
- 75 g Palmin soft
- ¼ l Fleischbrühe (Instant)
- 750 g Möhren
- Salz
- weißer Pfeffer
- Rosmarin
- 6 Scheiben magerer Schweinebauch (à 150 g)
- 2 Bund Petersilie

UNSER TIP

Versuchen Sie auch mal Steckrübengemüse in Sahne. Dazu die Knolle in Stifte schneiden, in Salzwasser garen. Eine Soße aus Margarine, Mehl, halb Gemüsebrühe, halb Milch und etwas Sahne kochen. Mit Salz, Pfeffer und Muskat abschmecken und mit Sahne verfeinern. Gehackte Petersilie zugeben und zu Schweinebraten reichen.

Die Steckrübe abspülen, in Scheiben schneiden und diese schälen. Dann ca. 2 cm groß würfeln. Die Zwiebeln schälen. 125 g davon würfeln und in 50 g heißem Palmin in einem großen Topf glasig braten. Steckrübenwürfel zugeben. Unter Rühren leicht bräunen. Die Fleischbrühe angießen. Im geschlossenen Topf bei geringer Hitze 50 Minuten garen.

Möhren schälen und in Scheiben schneiden. Nach 30 Minuten in den Topf geben. Gemüse kräftig mit Salz, Pfeffer und Rosmarin würzen und weiter garen. Inzwischen die restlichen Zwiebeln in Scheiben schneiden. Kurz vor Ende der Garzeit die Schweinebauch-Scheiben salzen und pfeffern. Restliches Palmin in einer Pfanne erhitzen. Fleisch darin auf beiden Seiten je 8 Minuten knusprig braten. Warm stellen und die Zwiebelscheiben im Bratfett goldgelb rösten.

Petersilie abspülen, ausschütteln und hacken. Gemüse abschmecken, Petersilie unterheben und anrichten. Darauf die Fleischscheiben und die Zwiebelringe.

Zubereitungszeit ca. 1 ½ Stunden

Gefüllte Zwiebeln mit Käsesoße

Zutaten:
- 4 Gemüsezwiebeln (à 250 g)
- Salz
- 300 g gemischtes Hack
- 1 Ei (Gew. Kl. 4)
- weißer Pfeffer
- Edelsüß-Paprika
- je ½ Bund Rosmarin, Melisse und Petersilie, gehackt
- 60 g Margarine (Sanella)
- 2 säuerliche Äpfel
- 2 EL Mehl
- gut ⅛ l Milch
- 3 Ecken Milkana-Schmelzkäse
- 1 flache Auflaufform

UNSER TIP

Kein Zweifel, daß frisch gemahlener Pfeffer besser würzt und Ihr Essen sehr viel aromatischer macht. Der Grund: gemahlen gekaufter Pfeffer verliert eher sein Aroma. Falls Sie noch keine Pfeffermühle haben, sollten Sie sich eine zulegen. Für besseres Würzen.

Zwiebeln schälen. Reichlich Wasser aufkochen. Salzen und die Zwiebeln darin 8 Minuten vorgaren. In einem Sieb abtropfen lassen, die Brühe auffangen. Kappen von den Zwiebeln schneiden. Zwiebeln aushöhlen.

Vom Ausgehöhlten 100 g abwiegen und hacken. Den Rest beiseite legen. Gehackte Zwiebeln, Hackfleisch, Ei, Salz, Pfeffer, Paprika und 1 Eßlöffel gehackte Kräuter zum Fleischteig mischen und kräftig abschmecken. Die Zwiebeln damit füllen.

Die Form mit 40 g Sanella einfetten. Die Äpfel waschen, ungeschält vierteln, entkernen und in Scheibchen schneiden. Das übrige Zwiebelfleisch grob hacken. Mit den Apfelscheibchen mischen und in die Form geben. ⅛ l Zwiebelbrühe angießen und die Zwiebeln – Füllung nach oben – in die Form legen. Im vorgeheizten Backofen bei 225° (Gas: Stufe 4/Umluft: 200°) 20 Minuten garen. Restliche Sanella erhitzen, Mehl darin anschwitzen, Milch zugießen, kochen und den Käse darin schmelzen. Restliche Kräuter unterheben, Soße abschmecken, auf die Zwiebeln geben und noch 20 Minuten überbacken.

Zubereitungszeit ca. 70 Minuten

Blumenkohlpudding mit Kresse-Käse-Rahm

Zutaten:

- 100 g Butter oder Margarine
- 125 g Mehl
- ½ l Milch
- Salz
- geriebene Muskatnuß
- 4 Eier
- 90 g Grieß
- 1 Blumenkohl (ca. 1 kg)
- Fett und Paniermehl für 1 verschließbare Puddingform

Für die Soße:

- 40 g Butter
- 30 g Mehl
- 300 ml kalte Instant-Brühe
- 200 g Alpensahne (12 %)
- 1 Ecke Schmelzkäse (40 % Fett i. Tr.)
- Salz
- weißer Pfeffer
- 2 Kästchen Kresse

Fett erhitzen und das Mehl darin anschwitzen. Milch unterrühren und 5 Minuten kochen. Mit Salz und Muskat würzen. Eier trennen. Eigelb in die Mehlschwitze rühren. Auskühlen lassen und den Grieß einrühren.

Blumenkohl putzen, 600 g abwiegen. 10 Minuten in Salzwasser kochen. Im Sieb abschrecken und abtropfen lassen. Eiweiß steif schlagen. Ein Viertel unter die Grießmasse rühren. Den Rest und den Blumenkohl unterheben. Puddingform sorgsam einfetten und mit Paniermehl ausstreuen. Blumenkohlmasse höchstens dreiviertel hoch einfüllen. In einen Topf stellen. Lauwarmes Wasser bis zu zwei Dritteln der Formhöhe einfüllen. Im geschlossenen Topf bei geringer Hitze 60-75 Minuten garen.

Für die Soße die Butter erhitzen. Mehl darin anschwitzen. Brühe und Sahne angießen. 5 Minuten kochen. Käse darin schmelzen lassen. Abschmecken und die Kresseblättchen von einem Kästchen unterrühren.

Puddingform aus dem Topf nehmen. Erst nach 10 Minuten öffnen und den Pudding auf eine Platte stürzen. Mit Kresse garnieren.

Zubereitungszeit ca. 2 Stunden

Vegetarische Kohlrouladen

Zutaten:
- 1 Weißkohl (1,5 kg)
- Salz

Zum Füllen und Schmoren:
- 500 g Gemüse (Kohlrabi, Möhren, Blumenkohl und Porree)
- 1 Dose Pfifferlinge (120 g)
- 2 Zwiebeln
- 3 EL Öl
- 1 Bund gehackte Petersilie
- 3 Eier (Gew. Kl. 3)
- 4 EL Paniermehl
- Salz
- weißer Pfeffer
- 1 Dose geschälte Tomaten (400 g)

Für die Soße:
- 1 Dose Pfifferlinge (250 g)
- 1 Zwiebel
- 40 g Butter
- 2 EL Mehl
- ⅜ l Pilzbrühe
- ⅛ l Alpensahne (12 %)
- Salz
- weißer Pfeffer
- Streuwürze
- 1 EL gehackte Petersilie

Geputzten Weißkohl in kochendem Wasser 2-3 Minuten blanchieren. 8 schöne äußere Blätter ablösen. Blattrippen flach schneiden. Gemüse zum Füllen putzen. Kohlrabi, Möhren und Blumenkohl raffeln, Porree längs halbieren und in dünne Scheiben schneiden. Abgetropfte Pfifferlinge (Flüssigkeit auffangen) und eine Zwiebel fein hacken. In 1 Eßlöffel Öl in der beschichteten Pfanne mit dem Gemüse 5 Minuten durchbraten. Abkühlen lassen. Petersilie, Eier und Paniermehl untermischen. Kräftig salzen und pfeffern. Auf die Kohlblätter verteilen. Zu Rouladen rollen. Die andere geschälte Zwiebel hacken. Restliches Öl im Bräter erhitzen, Kohlrouladen mit den Zwiebeln darin anbraten. Tomaten mit Flüssigkeit zugeben. Im vorgeheizten Backofen bei 225° (Gas: Stufe 4/Umluft: 200°) zugedeckt 45 Minuten garen. Für die Soße die Pfifferlinge ablaufen lassen, Brühe auffangen. Gehackte Zwiebel in Butter mit Mehl anschwitzen. Pilzbrühe angießen. Rouladen anrichten. Den Fond in die Soße passieren. Alpensahne angießen. Würzen. Petersilie zugeben. Auf die Rouladen gießen.

Zubereitungszeit ca. 1 ½ Stunden

Vollkorn-Pfannkuchen mit Spinatfüllung

Zutaten:
Für die Soße:
100 ml Alpensahne (12 % Fett)
½ TL Senf
1 Stiel Basilikum
Salz
weißer Pfeffer
1 Prise Zucker
1 hartgekochtes Ei
Für die Pfannkuchen:
4 Eier (Gew. Kl. 4)
2 Flaschen (à 200 ml) Alpensahne (12 % Fett)
Salz
250 g Roggenvollkornmehl
6–8 EL Maiskeimöl
Für die Füllung:
500 g Blattspinat
2 Schalotten
1 Knoblauchzehe
20 g Butter
Salz
geriebene Muskatnuß

Für die Soße die Sahne und den Senf mit dem Schneebesen aufschlagen. Basilikumblättchen fein schneiden und unterheben. Mit Salz, Pfeffer und Zukker abschmecken. Anrichten und das geschälte, gehackte Ei daraufgeben. Im Kühlschrank aufbewahren.

Für den Teig Eier mit Sahne und Salz in einer Schüssel mit dem Schneebesen verrühren. Roggenmehl nach und nach zugeben. Abgedeckt 30 Minuten quellen lassen. Durchrühren. Wenn nötig, noch etwas Wasser zugeben. Im heißen Öl in einer Pfanne nacheinander 8 Pfannkuchen backen. Warm stellen.

Für die Füllung den Blattspinat verlesen, in einem Sieb kalt abbrausen. Schalotten und Knoblauch abziehen und fein hacken. In einem Topf in der heißen Butter glasig braten, Spinat hineingeben. Im geschlossenen Topf 4 Minuten dünsten. Mit Salz und Muskat würzen. Die Pfannkuchen damit füllen und die Soße dazu reichen.

Zubereitungszeit ca. 1 ½ Stunden (ohne Wartezeit)

Kohlrabi-Fleischwurst-Schmaus

Zutaten:
- 3 Kohlrabi
- 40 g Butter
- Salz
- weißer Pfeffer
- Zucker
- 200 g Gouda-Pikantje
- 250 g Fleischwurst
- 1 Pieform

Kohlrabi schälen, waschen und in gleichmäßig starke Scheiben schneiden. Das zarte Grün beiseite legen. Die Scheiben in Butter mit 3-4 Eßlöffel Wasser, Salz, Pfeffer und einer Prise Zucker ca. 8 Minuten vorgaren. Ein Drittel Gouda reiben, den übrigen in kleine Scheiben schneiden. Die Fleischwurst häuten und in Scheiben schneiden.

Kohlrabi-, Fleischwurst- und Käsescheiben abwechselnd in die Pieform füllen. Das zurückbehaltene Kohlrabigrün etwas zerkleinern und draufstreuen. Mit dem geriebenen Käse bestreuen. Im vorgeheizten Backofen bei 200° (Gas: Stufe 3/Umluft: 180°) 15 Minuten überbacken oder übergrillen, bis der Käse zerläuft und goldgelb ist.

Zubereitungszeit ca. 40 Minuten

Unser Tip

Ganz gleich, wie Sie den Kohlrabi zubereiten wollen, achten Sie beim Einkauf darauf, daß Sie Knollen mit frischen, saftigen Blättern bekommen. Und verwenden Sie die inneren Herzblättchen immer mit. Sie intensivieren den Geschmack und liefern viele Vitalstoffe, wie Vitamine und Mineralstoffe.

Pikantje van Gouda
Garantiert 4 Monate gereift
Pikantje van Gouda

Holländische Gemüse-Terrine

Zutaten:
- 600 g Magerquark
- 500 g Bundmöhren
- Salz
- 500 g Broccoli
- 1 TL Öl
- 8 dünne, lange Scheiben durchwachsener Speck
- 2 Scheiben Toastbrot
- 2 Eier (Gew. Kl. 4)
- weißer Pfeffer
- Salatblätter
- 1 Kastenform (19 cm)
- Alufolie

Unser Tip

Zur Terrine empfehlen wir diese Soße: 1 Zwiebel und 1 Knoblauchzehe fein hacken, mit 1 TL Senf, 10 EL Tomatenketchup, 1 Becher Joghurt, 2 EL Salatmayonnaise, Schnittlauchröllchen, Kresse und gehackter Petersilie verrühren. Mit Salz und Pfeffer abschmekken. Außerdem Stangenweißbrot reichen.

Quark in einem Sieb drei Stunden abtropfen lassen. Möhren schälen. Eine beiseite legen. Die übrigen Möhren längs halbieren und in Salzwasser 10 Minuten vorgaren. Geputzten Broccoli in Röschen teilen. 5 Minuten in Salzwasser vorgaren. Abtropfen lassen.

Kastenform einölen und mit 4 Speckscheiben auslegen. Die übrigen in Streifen schneiden und ausbraten. Toastbrot würfeln. Im Speckfett braten und auskühlen lassen.

Quark und Eier verrühren. Gebratenen Speck und Brotwürfel untermischen. Mit Salz und Pfeffer herzhaft würzen. Eine Schicht Quark in die Form füllen. Abwechselnd Broccoli, Quarkmasse, Möhren, Broccoli und Quarkmasse einschichten. Quarkmasse fest andrücken. Mit Alufolie abdekken. In die Mitte ein Loch schneiden. Im Wasserbad im vorgeheizten Backofen bei 200° (Gas: Stufe 3/Umluft: 180°) auf der mittleren Schiene ca. 105 Minuten garen. Mit einem Brett belegen, beschweren und auskühlen lassen. Stürzen. Mit Salatstreifen, Möhre und Broccoli garnieren.

Zubereitungszeit ca. 2 ½ Stunden (ohne Wartezeit)

Herzhaft gefüllte Champignons

Zutaten:
16 große Champignons
Für die Hackfüllung:
200 g Rinderhack
1 Ei (Gew. Kl. 3)
1 Zwiebel
50 g Gouda (Pikantje)
1 EL Schnittlauchröllchen
Salz
weißer Pfeffer
geriebene Muskatnuß
Für die Gemüsefüllung:
1 frisches Brötchen
1 kleine rote Paprikaschote
1 Zwiebel
1 Ei (Gew. Kl. 3)
Salz
weißer Pfeffer
1 EL Basilikum, in feinen Streifen
Streuwürze
Außerdem:
1 flache feuerfeste Form
20 g Butter

Champignons abspülen. Die Stiele herauslösen und klein schneiden. Die Hälfte beiseite stellen. Übrige zerkleinerte Stiele mit Rinderhack, Ei, der geschälten, geriebenen Zwiebel, dem fein gewürfelten Käse und dem Schnittlauch mischen. Mit Salz, Pfeffer und Muskat abschmecken. 8 Pilzhüte damit füllen.

Für die Gemüsefüllung das Brötchen fein würfeln. Paprikaschote vierteln, putzen, waschen, Zwiebel schälen und beides würfeln. Alles mit dem Ei und den restlichen, zerkleinerten Pilzstielen mischen. Mit Salz, Pfeffer, Basilikum und Streuwürze abschmekken. Die übrigen 8 Pilzhüte damit füllen.

Die Form mit der Butter einstreichen. Champignons mit Hackfüllung einlegen. Im vorgeheizten Backofen bei 200° (Gas: Stufe 3/Umluft: 180°) ca. 15 Minuten garen. Die übrigen Pilze in die Form geben. Weitere 15 Minuten garen.

Dazu schmeckt knuspriges Stangenweißbrot.

Zubereitungszeit ca. 1 Stunde

Blumenkohl-Gratin mit Salami

Zutaten:

1 Blumenkohl (ca. 800 g)
Salz
150 g frische Champignons
150 g ungarische Salami (Herz oder Pick)
40 g Butter
1 TL Delikateß-Paprika
weißer Pfeffer
1 Becher (250 g) Schmand
2 EL Schnittlauch-Röllchen
1 Auflaufform

Blumenkohl putzen, in große Röschen teilen und kurz abspülen. In kochendem Salzwasser ca. 5 Minuten vorgaren. In einem Sieb abtropfen lassen. Die geputzten Champignons blättrig schneiden, die Salami in Streifen.

Butter in einer großen Pfanne erhitzen. Champignons darin bei großer Hitze 2 Minuten unter Wenden braten. Salamistreifen zugeben. Kurz mitbraten. Mit Paprika und Pfeffer abschmecken.

Bumenkohl in die Auflaufform füllen. Die Champignon-Salami-Mischung zugeben und leicht mischen. Den Schmand verquirlen und darauf verteilen. Im vorgeheizten Backofen bei 200° (Gas: Stufe 3/Umluft: 180°) 10-15 Minuten überbacken. Mit Schnittlauch bestreut servieren.

Zubereitungszeit ca. 50 Minuten

UNSER TIP

Wenn Sie möchten, können Sie den Auflauf noch mit ein paar Eßlöffeln geriebenem Käse bestreuen. Nur ein paar Butterflöckchen darauf verteilen und dann überbacken.

Schinken-Chicorée mit Eierhaube

Zutaten:
- 4 große Chicoréekolben
- Salz
- 1 EL Zitronensaft
- 2 EL Senf
- 2 EL Tomatenmark
- 8 dünne Scheiben roher Schinken
- 2 Zwiebeln
- 20 g Butter
- 100 ml Weißwein
- 4 Tomaten
- weißer Pfeffer
- 1 TL Kräuter der Provençe
- 2 Becher (à 150 g) Vollmilch-Joghurt
- 4 deutsche Eier
- 100 g geriebener Edamer
- 1 EL gehackte Petersilie
- 1 TL gehackter Thymian
- geriebene Muskatnuß
- 1 Auflaufform

Chicorée putzen, abspülen und halbieren. Festen Kern aus den Wurzelenden herausschneiden. Chicorée in Salzwasser mit Zitronensaft 2 Minuten blanchieren. Abtropfen lassen. Senf und Tomatenmark verrühren. Chicorée dünn damit einstreichen. Die Hälften in je eine Schinkenscheibe wickeln. Geschälte, gewürfelte Zwiebeln in der heißen Butter glasig braten. Chicorée darin 2 Minuten anbraten. In die Auflaufform legen und den Weißwein angießen.

Die gehäuteten Tomaten vierteln, entkernen, in die Form legen und leicht salzen. Alles mit Pfeffer und den Kräutern der Provençe bestreuen. Joghurt mit den Eiern verquirlen. Käse und frische Kräuter unterziehen. Mit Salz, Pfeffer und Muskat abschmecken. Auf den Chicorée gießen. Im vorgeheizten Backofen bei 200° (Gas: Stufe 3/Umluft: 180°) 15–20 Minuten überbacken.

Zubereitungszeit ca. 1 Stunde

Gebratene Mais-Käse-Laibchen

Zutaten:
2 Dosen Maiskörner
2 gehäufte EL Mehl
2 Eier (Gew. Kl. 4)
Zucker
Salz
weißer Pfeffer
150 g Holland-Gouda, alt
ca. 60 g Butter
Cayennepfeffer

Die Maiskörner in einem Sieb abtropfen lassen. Das Mehl mit den Eiern glattrühren. Mit einer Prise Zucker, Salz und Pfeffer abschmecken. Die Maiskörner untermischen.

Den Käse fein raspeln. Butter portionsweise in einer Pfanne erhitzen. Nach und nach Portionen der Maiskörnermischung hineingeben, wie Puffer flachdrücken und mit geraspeltem Käse bestreuen. Deckel auf die Pfanne legen und die Laibchen bei geringer Hitze ca. 5 Minuten braten, aber nicht wenden. Anrichten und mit Cayennepfeffer bestreuen.

Die Maislaibchen sind eine leckere Beilage zu gebratenen Hühnerbrüstchen oder -schenkel, aber auch zu Steaks jeder Art.

Zubereitungszeit ca. 30 Minuten

Unser Tip

Es macht zwar mehr Arbeit, schmeckt aber noch ein bißchen besser, wenn Sie die Körner von 6 sehr frischen Maiskolben in Milch mit etwas Zucker je nach Reife 5–15 Minuten kochen, salzen und abgetropft weiterverwenden. Man schneidet die Körner von der Spitze des Kolbens möglichst unbeschädigt herunter.

Broccoli-Auflauf mit Käse und Mandeln

Zutaten:

- 2 Zwiebeln
- 30 g Butter
- ¼ l Fleischbrühe (Instant)
- 600 g tiefgefrorener Broccoli
- 500 g Pellkartoffeln
- Salz
- weißer Pfeffer
- 200 g Holland-Gouda, mittelalt
- 4 Eier (Gew. Kl. 3)
- ⅛ l Milch
- geriebene Muskatnuß
- 2 EL Mandelblättchen
- Butter für die Form

Zwiebeln schälen und würfeln. Butter in einem Topf erhitzen. Zwiebeln darin glasig braten. Fleischbrühe zugießen und den Broccoli hineingeben. Auftauen, erhitzen und vom Herd nehmen.

Die Kartoffeln abziehen und in gleichmäßig dünne Scheiben schneiden. Mit Salz und Pfeffer würzen. Eine ovale Auflaufform buttern und die Kartoffelscheiben einfüllen. Den Käse reiben. Die Hälfte auf die Kartoffeln streuen.

Eier und Milch und verquirlen. Mit Salz, Pfeffer und etwas Muskat kräftig abschmecken.

Die Broccoli-Röschen auf die Kartoffeln verteilen. Broccoli-Brühe angießen. Mit dem restlichen Käse und den Mandelblättchen bestreuen. Im vorgeheizten Backofen bei 200° (Gas: Stufe 3/Umluft: 180°) 30-40 Minuten backen.

Zubereitungszeit ca. 1 ½ Stunden

Unser Tip

Statt Broccoli können Sie auch Wirsing, Porree oder Rosenkohl verwenden. Das Gemüse in gebratenen Speck- und Zwiebelwürfeln mit Fleischbrühe vorgaren.

Geschmolzene Tomaten in Omeletts

Zutaten:
- 600 g Tomaten
- 1 mittelgroße Zwiebel
- 1 Knoblauchzehe
- 30 g deutsche Markenbutter
- Salz
- weißer Pfeffer
- 4 Stiele Basilikum
- 2 Stiele Petersilie
- 8 deutsche Frisch-Eier (Gew. Kl. 4)
- 6 EL Milch
- 40 g Butter zum Backen

Unser Tip

Ein klassisches Omelett besteht aus nichts anderem als aus zwei Eiern und etwas Salz. Es wird in Butter gebacken, kommt aber nie gebräunt auf die Teller. Das soll aber nicht heißen, daß Sie auf einen Schuß Milch oder ein goldbraun gebackenes Omelette verzichten müssen. Sie haben die Wahl.

Tomaten mit einem scharfen Messer kreuzweise einschneiden. Mit kochendheißem Wasser überbrühen, kalt abschrecken und häuten. Vierteln, entkernen und würfeln. Zwiebel und Knoblauchzehe abziehen, fein hacken und in der heißen Butter glasig braten. Die Tomatenwürfel zugeben. Unter Rühren 5 Minuten darin schmelzen. Mit Salz und Pfeffer abschmecken. Die Kräuter abspülen und ausschütteln. Basilikumblätter fein schneiden, Petersilie hacken. Zu den Tomaten geben. Warm halten.

Eier mit der Milch verquirlen. Mit Salz abschmecken. Butter portionsweise in einer Pfanne aufschäumen lassen. Nach und nach vier Omeletts backen. Mit den geschmolzenen Tomaten füllen und sofort servieren.

Zubereitungszeit ca. 1 Stunde

Paprikaschoten mit Erdnußfüllung

Zutaten:

- 120 g Dinkel
- 4 TL gekörnte Brühe
- 120 g USA-Erdnußkerne
- 2 Bund Frühlingszwiebeln (ca. 250 g)
- 200 g braune Champignons
- 40 g Butter
- 3 TL Steinpilzbrühe (Reformhaus)
- 3 EL Crème fraîche
- 4 TL frische Thymianblättchen
- 2 EL gehackte Petersilie
- weißer Pfeffer
- 4 grüne Paprikaschoten (à 200 g)
- 500 g Tomaten
- 3 Knoblauchzehen
- 2 EL Olivenöl
- 2 EL Schlagsahne
- 6 EL geriebener Gouda, mittelalt
- Thymian zum Garnieren

Dinkel in einem Sieb abspülen. Mit 2 Teelöffel gekörnter Brühe in einem halben Liter Wasser 10 Minuten kochen. Dann 20 Minuten ausquellen lassen. Die Erdnüsse grob hacken. Ohne Fett hellbraun rösten. Frühlingszwiebeln putzen, abspülen und in Streifen schneiden. Champignons abspülen, in einem Küchentuch trockenreiben und grob hacken. Mit den Zwiebeln in der heißen Butter 3 Minuten kräftig durchbraten. Steinpilzbrühe zugeben, dann den Dinkel und die Erdnüsse. Crème fraîche, Thymian und Petersilie unterrühren. Mit Pfeffer abschmecken. Paprikaschoten längs halbieren, putzen, abspülen, abtrocknen und füllen.

Tomaten häuten, würfeln. In einer Servierpfanne mit dem durchgepreßten Knoblauch, Öl, Sahne und der restlichen gekörnten Brühe mischen. Paprikaschoten hineingeben. Zugedeckt 12-15 Minuten dünsten. Mit dem Käse bestreuen und im vorgeheizten Backofen bei 200° (Gas: Stufe 3/Umluft: 180°) auf der obersten Schiene gratinieren, bis der Käse zerläuft. Mit Thymian garnieren.

Zubereitungszeit ca. 1 ½ Stunden

Überbackene Porree-Rollen

Zutaten:
- 8 Stangen (800 g)
- Porree (Lauch)
- Salz

Für die Soße:
- 40 g Knoblauchbutter
- (Meggle)
- 3 EL Mehl
- ¼ l Milch
- ½ Becher (100 g)
- Schlagsahne
- Salz
- geriebene Muskatnuß

Außerdem:
- Knoblauchbutter für
- die Form
- 8 Scheiben gekochter
- Schinken (350 g)
- 2 EL gehackte
- Pecannußkerne
- 100 g geriebener
- Appenzeller Käse
- 40 g Knoblauchbutter
- zum Überbacken

Porree putzen. Wurzelenden großzügig kürzen. Die harten äußeren Blätter entfernen und das Grün stutzen. Stangen in gleichlange Stücke schneiden, in gut ¼ l Salzwasser 8–10 Minuten bißfest dünsten. Abtropfen lassen und die Brühe auffangen.

Für die Soße die Knoblauchbutter in einem Topf aufschäumen lassen. Mehl darin anschwitzen, Gemüsebrühe und Milch zugießen. Unter Rühren 5 Minuten kochen lassen. Sahne zugeben. Mit Salz und Muskat abschmecken. Eine Auflaufform mit Knoblauchbutter einfetten. Jedes Porreestück in eine Scheibe Schinken wickeln, in die Form legen und mit der Soße bedecken. Mit den Nüssen und dem Käse bestreuen. Mit Knoblauchbutter in Flöckchen belegen. Im vorgeheizten Backofen bei 200° (Gas: Stufe 3/Umluft: 180°) 15-20 Minuten überbacken.

Dazu schmeckt körnig gekochter Reis.

Zubereitungszeit ca. 1 Stunde

KNOBLAUCH
BUTTER
Butterzubereitung
MEGGLE
KNOBLAUCH
BUTTER

Champignon-Quiche mit Kräutern

Zutaten:
Für den Teig:
125 g Mehl
Salz
1 Ei (Gew. Kl. 4)
60 g Holland-Butter
Mehl zum Ausrollen
Für den Belag:
½ Becher (125 g) Schlagsahne
75 g Crème fraîche
2 Eier (Gew. Kl. 4)
100 g Gouda-Pikantje, gerieben
je 1 TL Petersilie, Dill und Schnittlauch, gehackt
Salz
weißer Pfeffer
300 g Champignons
1 Zwiebel
10 g Butter
Alufolie
1 Pieform

Mehl mit einer kräftigen Prise Salz in einer Schüssel mischen. Ei in die Mitte geben. Mit etwas Mehl verrühren. Butter in Flöckchen zugeben und rasch einen Mürbeteig kneten. In Alufolie gepackt eine Stunde im Kühlschrank ruhen lassen.

Teig auf wenig Mehl – etwas größer als die Form – ausrollen. Form damit auslegen. Rand andrücken. Teig mehrmals mit einer Gabel einstechen. Im vorgeheizten Backofen bei 200° (Gas: Stufe 3/Umluft: 180°) 10 Minuten vorbacken.

Für den Belag, Sahne, Crème fraîche, Eier, Käse und Kräuter verrühren. Mit Salz und Pfeffer abschmecken. Geputzte Champignons in Scheiben schneiden, die geschälte Zwiebel würfeln. Beides in der heißen Butter 5 Minuten kräftig braten. Leicht abgekühlt auf den Teigboden verteilen. Mit der Käsecreme überziehen. Mit einer Gabel leicht mischen. Bei gleicher Temperatur im Backofen in ca. 20-30 Minuten goldbraun backen. Heiß servieren.

Zubereitungszeit ca. 1 ¼ Stunden (ohne Wartezeit)

Pikantje van Gouda

Holländischer Gemüse-Fächer

Zutaten:
- 1 Blumenkohl (ca. 750 g)
- 500 g Broccoli
- ½ l Fleischbrühe (Instant)
- 40 g Butter
- 100 g geriebener junger Gouda
- 4 EL Paniermehl
- 1 Auflaufform

Blumenkohl und Broccoli putzen und kalt abspülen. Je ¼ l Fleischbrühe in zwei Töpfen aufkochen. Blumenkohl und Broccoli in je einen Topf geben, die Deckel auflegen und das Gemüse 8-10 Minuten vorgaren. Mit einem Schaumlöffel aus dem Kochsud heben und etwas abkühlen lassen.

Die Auflaufform mit 10 g Butter einfetten. Blumenkohl und Broccoli in dicke Scheiben schneiden. Abwechselnd wie einen Fächer in die Form füllen. Käse und Paniermehl mischen und aufstreuen. Die restliche Butter in Flöckchen darauf verteilen.

Das Gericht im vorgeheizten Backofen bei 225° (Gas: Stufe 4/Umluft: 200°) ca. 10 Minuten überbacken. Oder unterm vorgeheizten Grill rasch goldbraun werden lassen.

Dazu schmecken Steaks so gut wie gekochter oder roher Schinken, außerdem Kartoffelpüree.

Zubereitungszeit ca. 50 Minuten

Zwiebelkuchen

Zutaten:

Für den Teig:
- 500 g Mehl
- 1 Würfel Hefe
- 1/4 l warme Milch
- 1 Ei (Gew. Kl. 3)
- 1 TL Salz
- 60 g Holland-Butter (zimmerwarm)

Zum Belegen:
- 750 g Zwiebeln
- 60 g Butter
- Salz
- weißer Pfeffer
- ca. 1 EL Kümmel
- 125 g durchwachsener Speck
- 150 g Holland-Gouda (alt)
- 1 Ei (Gew. Kl. 3)
- 1/2 Becher (125 g) Schlagsahne

Außerdem:
- Mehl zum Ausrollen
- Butter fürs Blech

Zutaten für den Teig in eine Schüssel geben, die Hefe zerbröckelt. Mit den Knethaken des Handrührgerätes einen geschmeidigen Hefeteig kneten. Zugedeckt 45 Minuten aufgehen lassen.

Für den Belag die Zwiebeln schälen und in feine Ringe schneiden. In der erhitzten Butter glasig werden lassen. Kräftig mit Salz und Pfeffer würzen und den Kümmel unterheben. Dann auskühlen lassen.

Den Teig auf Mehl backblechgroß ausrollen. Das Blech mit Butter einstreichen, mit dem Teig auslegen und die Zwiebeln darauf verteilen. Den Speck fein würfeln, den Käse reiben. Nacheinander auf die Zwiebeln streuen. Ei und Sahne verquirlen und darauf verteilen. Noch 15 Minuten gehen lassen. Im vorgeheizten Backofen bei 200° (Gas: Stufe 3/Umluft: 180°) in 30 Minuten goldbraun backen. Warm servieren.

Zubereitungszeit ca. 1 1/2 Stunden (ohne Wartezeit)

Unser Tip

Zwiebelkuchen haben ihren Ursprung in den Wein-Regionen, und im Herbst, wenn es den Federweißen und den jungen Wein gibt, haben sie Hochsaison. Klar, daß sie auch in der übrigen Zeit gut schmecken, wenn man dazu einen frischen, eher trockenen Wein serviert und ein paar Freunde einlädt.

Spargel mit feinen Beilagen

Zutaten:
- 1 kg Spargel
- 1 kg Kartoffeln
- Salz
- 1 Ei
- 5 EL Butter
- weißer Pfeffer
- geriebene Muskatnuß
- 1 EL Öl
- 1 EL geriebener Emmentaler
- Curry
- 2 TL Zucker
- 4 Schweinefilet-Medaillons (à 150 g)
- 2 EL Weißwein
- ½ Becher (125 g) Schlagsahne
- 1 EL gehackte Petersilie
- Fett fürs Blech

Spargel putzen. Kartoffeln schälen. In Salzwasser 15 Minuten kochen. Abgießen, trockendämpfen und durch eine Kartoffelpresse in eine Schüssel geben. Das Ei und ½ Eßlöffel Butter unterrühren. Mit Pfeffer und Muskat abschmecken. In einen Spritzbeutel (große Sterntülle) füllen und Rosetten aufs gefettete Backblech spritzen. Öl mit dem Käse verrühren, mit Curry würzen und die Rosetten damit bestreichen.

Wasser mit Salz, ½ Eßlöffel Butter und dem Zucker in einem Topf aufkochen. Spargel einlegen. Im geschlossenen Topf ca. 20 Minuten garen. Herzoginkartoffeln im vorgeheizten Backofen bei 200° (Gas: Stufe 3/Umluft: 180°) ca. 10 Minuten auf der oberen Schiene goldbraun backen.

Medaillons in 2 Eßlöffel heißer Butter rundherum 3 Minuten braten. Salzen, pfeffern und warm stellen. Fond mit Weißwein und Sahne loskochen und würzen. Medaillons, Spargel und Kartoffelrosetten auf Tellern anrichten. Restliche Butter auf den Spargel verteilen. Mit Petersilie bestreuen. Die Soße extra reichen.

Zubereitungszeit ca. 70 Minuten

Gefüllte Mini-Gurken

Zutaten:
- 100 g Roggenkörner
- 1 TL gekörnte Brühe
- 125 g durchwachsener Speck
- 2 Zwiebeln
- 10 g Butter
- 8 holländische Mini-Gurken
- 150 g Maasdamer Käse
- 1 EL gehackte Petersilie
- 1 EL kleingeschnittener Dill
- 1 Ei (Gew. Kl. 3)
- Salz
- weißer Pfeffer
- 4 EL Crème fraîche
- 1 flache Auflaufform

Unser Tip

Mini-Gurken, eine gute Neuzüchtung holländischer Gemüsegärtner, sind leider nicht immer zu haben. Falls Sie sie nicht bekommen können, verwenden Sie einfach kleinere Salatgurken, aus denen Sie 8 Stücke schneiden und füllen.

Roggenkörner sorgsam abspülen. Über Nacht in kaltem Wasser einweichen. Im Einweichwasser mit der gekörnten Brühe aufkochen. Bei geringer Hitze 25 - 30 Minuten quellen, dann abtropfen lassen und die Brühe auffangen.

Speck und geschälte Zwiebeln würfeln. In der Butter glasig braten und abkühlen lassen. Mini-Gurken abspülen. An beiden Enden etwas kappen. Der Länge nach einen flachen Deckel abschneiden. Gurken mit einem Teelöffel aushöhlen. Inneres und den Deckel kleinschneiden. Den Käse raspeln. Beides mit den Roggenkörnern, Kräutern, Ei, Salz und Pfeffer mischen und kräftig abschmecken. Gurken damit hoch füllen. In die Form legen. Eventuell übrige Füllung zwischen den Gurken verteilen.

Körnerbrühe mit Crème fraîche verrühren. In die Form gießen. Zugedeckt im vorgeheizten Backofen bei 200° (Gas: Stufe 3/Umluft: 180°) 30 Minuten garen. 10 Minuten vor Ende der Garzeit offen backen. Dazu schmekken Petersilien-Kartoffeln.

Zubereitungszeit ca. 70 Minuten

Austernpilzgratin mit Kartoffeln

Zutaten:
- 500 g Kartoffeln
- 2 EL Öl
- 350 g Rinderhack
- 1 Zwiebel
- Salz
- weißer Pfeffer
- Curry
- 300 g Austernpilze
- 40 g Butter
- 2 Eier (Gew. Kl. 4)
- 1 Becher (200 g) Schlagsahne
- 50 g junger Gouda, gerieben

Kartoffeln gründlich unter fließendem Wasser abbürsten. In ca. 25 Minuten zu Pellkartoffeln kochen. Abschrekken, auskühlen lassen und abziehen. Dann in Scheiben schneiden. Öl in einer Pfanne erhitzen. Rinderhack zerpflücken und zugeben. Unter Wenden anbraten. Die geschälte, gehackte Zwiebel kurz mitbraten. Mit Salz, Pfeffer und Curry würzen.

Austernpilze putzen, kalt abspülen, in große Stücke schneiden und in 20 g Butter 10 Minuten unter Wenden braten.

Eine Auflaufform mit der restlichen Butter fetten. Abwechselnd Kartoffelscheiben – jeweils leicht salzen –, Pilzstücke und Hackfleisch in Reihen einfüllen.

Die Eier mit der Sahne verquirlen und den Käse unterrühren. Mit Salz und Pfeffer würzen und auf die Zutaten gießen. Im vorgeheizten Backofen bei 200° (Gas: Stufe 3/Umluft: 180°) 20–25 Minuten goldbraun überbacken.

Dazu schmeckt Endiviensalat.

Zubereitungszeit ca. 1 Stunde (ohne Wartezeit)

Unser Tip

Austernpilze stammen ausschließlich aus Kulturen. Das gibt Ihnen die Sicherheit, stets Pilze ohne Schadstoffe zu bekommen.

Gefüllter Porree

Zutaten:
- 4 dicke Stangen Porree (Lauch)
- Salz
- 2 Zwiebeln
- 250 g Beefsteakhack
- 1 Ei
- 1 EL geriebener Emmentaler
- 1 Bund Schnittlauch
- 2 EL Tomatenmark
- weißer Pfeffer
- Edelsüß-Paprika
- Butter für die Form
- 1 Auflaufform

Porree putzen, gründlich waschen und in 10 bis 15 cm lange Stücke schneiden. 5 Minuten in kochendem Salzwasser vorgaren. Mit einem Schaumlöffel aus dem Wasser heben und die Brühe aufbewahren. Porree-Stücke an einer Seite aufschlitzen. Die Innenblätter herausheben und hacken.

Zwiebeln schälen und hacken. Beefsteakhack, Ei, Emmentaler und gehackten Porree in eine Schüssel geben. Dazu den abgespülten Schnittlauch in Röllchen und das Tomatenmark. Salzen, pfeffern und reichlich Paprika draufstreuen. Zum Fleischteig mischen und kräftig abschmecken. Die Porree-Rollen damit füllen. Mit Holzspießchen feststecken. In die gefettete Auflaufform legen. Ca. ¼ l Porreebrühe auffüllen. Im Backofen bei 175° (Gas: Stufe 2/Umluft: 155°) 15 bis 20 Minuten garen.

Dazu schmeckt Kartoffelpüree oder warmer Kartoffelsalat mit Speck.

Zubereitungszeit ca. 1 Stunde

Unser Tip

Hackfleisch sollten Sie morgens kaufen und mittags oder abends zubereiten, inzwischen aber immer im Kühlschrank aufbewahren. Denn das stark zerkleinerte Fleisch verdirbt leicht. Eingefrorenes Hackfleisch sollte man sofort nach dem Auftauen verwenden.

Sellerie mit Möhren und Zucchini

Zutaten:
- 1 Sellerie-Knolle (500-600 g)
- Salz
- 1 TL Essig
- 200 g Möhren
- 200 g Zucchini
- 3 Zwiebeln
- 150 g Maasdamer-Käse in Scheiben
- 1 Becher (200 g) Vollmilch-Joghurt
- 2 Eier (Gew. Kl. 4)
- weißer Pfeffer
- geriebene Muskatnuß
- 1 Auflaufform

Sellerieknolle schälen, abspülen und in Scheiben schneiden. In einem Topf mit wenig Wasser, Salz und Essig 15-20 Minuten kochen. Herausheben, abtropfen lassen und dann die Scheiben halbieren.

Möhren schälen und abspülen. Zucchini waschen, die Zwiebeln abziehen und alles grob raspeln.

Die halben Selleriescheiben abwechselnd mit den Käsescheiben in die Auflaufform schichten. Das Gemüse dazwischen und rundherum verteilen. Joghurt mit den Eiern verquirlen. Mit Salz, Pfeffer und Muskat kräftig abschmecken. Auf die eingeschichteten Zutaten gießen. Im vorgeheizten Backofen bei 200° (Gas: Stufe 3/Umluft: 180°) ca. 15-20 Minuten überbacken.

Dazu schmecken in gehackter Petersilie und Butter geschwenkte Pellkartoffeln.

Zubereitungszeit ca. 70 Minuten

Unser Tip

Vielleicht mögen Sie mal gebratenen Sellerie? Einfach in Salzwasser vorgekochte Scheiben in verquirltem Ei und einer Mischung aus Paniermehl und geriebenem Käse wenden. In reichlich Butter bei geringer Hitze braten. Dazu: Tomatensoße und Salzkartoffeln.

125

Pizza nach Art der Niederländer

Zutaten:

Für den Hefeteig:
- 250 g Mehl
- 15 g Hefe
- ⅛ l lauwarme Milch
- 1 Prise Salz
- 1 Eigelb
- 30 g weiche Butter

Für die Käsecreme:
- ½ Becher (125 g) Schlagsahne
- 100 g Crème fraîche
- 2 Eier
- 1 TL Speisestärke
- 200 g Holland-Gouda, mittelalt
- Salz
- weißer Pfeffer
- geriebene Muskatnuß

Außerdem:
- Mehl zum Ausrollen
- Butter für die Formen
- 4 Portions-Tortenformen

Die Zutaten für den Teig in eine Schüssel geben. Mit den Knethaken des Handrührgerätes einen Hefeteig kneten. Abgedeckt 45 Minuten aufgehen lassen. Aus Schlagsahne, Crème fraîche, Eiern und Speisestärke eine Creme rühren. Käse hineinreiben, mit Salz, Pfeffer und Muskat abschmekken. Teig auf Mehl ausrollen, Formen fetten und mit Teig auslegen. Jeweils dünn mit Käsecreme bestreichen, nach Geschmack belegen und die restliche Creme darauf verteilen. 15 Minuten gehen lassen. Im vorgeheizten Backofen bei 200° (Gas: Stufe 3/ Umluft: 180°) 30-40 Minuten backen.

Belag zum Aussuchen:

- 500 g Blumenkohl und 250 g Broccoli in Röschen mit 400 g Möhrenscheiben in Instant-Brühe ca. 10 Minuten kochen. Abgetropft verwenden.
- 2 Zucchini und 500 g Tomaten in Scheiben blanchieren und würzen.
- Gehackte Zwiebel und Knoblauchzehe in Butter braten. 500 g Spinat darin erhitzen. Würzen.
- Zwiebelringe in Butter mit 500 g Champignons in Scheiben braten.

Zubereitungszeit ca. 1½–2 Stunden (ohne Wartezeit)

Überbackene Gemüse-Fisch-Schüssel

Zutaten:
- 1 rote und
- 1 grüne Paprikaschote (à 200 g)
- 2 Stangen (400 g) Porree (Lauch)
- 250 g Tomaten
- 1 Bund Petersilie
- 1 Bund Schnittlauch
- 4 EL Öl
- Salz
- weißer Pfeffer
- 1 Knoblauchzehe
- 20 g Butter
- 500 g Schollenfilets
- 4 Scheiben (200 g) junger Gouda

Paprikaschoten vierteln, putzen und abspülen. Dann in kurze Streifen schneiden. Den Porree putzen, sorgfältig waschen und in feine Ringe schneiden. Tomaten kreuzweise einschneiden, mit kochendem Wasser überbrühen, abschrecken, häuten und kleinschneiden. Petersilie und Schnittlauch abspülen und ausschütteln. Die Petersilie hacken, den Schnittlauch in Röllchen schneiden.

Öl in einer großen Pfanne erhitzen. Das Gemüse darin unter Wenden 6 Minuten vorgaren. Salzen und pfeffern. Die Knoblauchzehe halbieren. Eine Auflaufform damit ausreiben und dann buttern.

Schollenfilets kurz abspülen und mit Küchenpapier trockentupfen. Leicht salzen. Kräuter – bis auf einen Eßlöffel – unters Gemüse mischen. Jeweils eine Lage Gemüse und Schollenfilet in die Form füllen. Mit einer Lage Gemüse abdecken. Restliche Kräuter daraufstreuen.

Im vorgeheizten Backofen bei 200° (Gas: Stufe 3/Umluft: 180°) ca. 10 Minuten garen. Käse in Streifen draufgeben. Noch 5 Minuten überbacken.

Zubereitungszeit ca. 1 Stunde

UNSER TIP

Wenn Sie Fisch lieber gesäuert mögen, beträufeln Sie ihn mit Zitronensaft und lassen ihn 5 Minuten ziehen. Das gibt ihm zusätzliche Würze.

Tomaten-Blumenkohl-Schüssel

Zutaten:
5 Eier (Gew. Kl. 4)
500 g Bumenkohl
Salz
4 große holländische Fleischtomaten
400 g Rinderhack
1 Zwiebel
3 EL Paniermehl
1 EL Tomatenmark
weißer Pfeffer
30 g Butter
geriebene Muskatnuß
⅛ l Fleischbrühe (Instant)
1 Bund Petersilie
50 g mittelalter Gouda, gerieben
1 Auflaufform

Unser Tip

Das schmeckt auch gut: Nur eine Handvoll Sonnenblumenkerne, blättrige Mandeln oder Sesamsamen in der Pfanne ohne Fett rösten und auf das fertige Gericht streuen.

4 Eier hart kochen, schälen, auskühlen lassen und würfeln. Den Blumenkohl putzen, abspülen, in Röschen teilen und in Salzwasser 5 Minuten blanchieren. In einem Sieb abtropfen lassen. Die Tomaten kreuzweise einritzen. Mit kochendem Wasser überbrühen, kalt abschrecken, häuten und vierteln.

Rinderhack in eine Schüssel geben. Die geschälte Zwiebel fein würfeln. Mit 2 Eßlöffeln Paniermehl und dem restlichen Ei in die Schüssel geben. Dazu das Tomatenmark, Salz und Pfeffer. Mischen und abschmecken. Die Form mit etwas Butter ausstreichen. Blumenkohlröschen einfüllen. Mit Muskatnuß bestreuen. Zwei Drittel Eiwürfel und die Hackfleischmischung darauf verteilen. Die Fleischbrühe angießen. Im vorgeheizten Backofen bei 225° (Gas: Stufe 4/Umluft: 200°) 15 Minuten garen. Die Petersilie abspülen, ausschütteln und hacken. Die Form aus dem Ofen nehmen. Tomatenviertel hineinlegen, leicht salzen, mit den restlichen Eiwürfeln und der Petersilie bestreuen. Restliches Paniermehl und geriebenen Käse daraufgeben, die übrige Butter in Flöckchen. Noch 10 Minuten garen, bis der Käse zerläuft.

Zubereitungszeit ca. 1 Stunde

Paksoi-Rouladen und Paksoi-Gemüse

Zutaten:
- 1 Brötchen
- 200 g gemischtes Hack
- 200 g Rinderhack
- 1 Zwiebel
- 50 g geschälte Erdnußkerne
- 1 Ei (Gew. Kl. 4)
- Salz
- weißer Pfeffer
- Cayennepfeffer
- flüssige Speisewürze
- 4 EL Öl
- 1 Staude Paksoi (600 g)
- 50 g durchwachsener Speck
- 1 EL Butter
- 2 Tomaten

Unser Tip

Das Gemüse namens Paksoi – aus Asien stammend – wird seit einigen Jahren in Holland kultiviert. Es ist unserem Mangold sehr ähnlich, hat jedoch viel größere Blätter mit weißen Stielen. Nur die können Sie als Salat oder als Gemüse zubereiten.

Brötchen in Wasser einweichen. Hackfleisch in einer Schüssel mit der geschälten, gehackten Zwiebel, den gehackten Erdnußkernen, ausgedrücktem, zerpflückten Brötchen und dem Ei mischen. Mit Salz, Pfeffer, Cayenne und Speisewürze abschmecken. In 8 Portionen teilen und die Portionen länglich rollen. Röllchen im heißen Öl in einer Pfanne rundherum anbraten und in 6-8 Minuten fertig garen. Warm stellen. Die Stiele von den Paksoiblättern schneiden und beiseite legen. Grüne Blätter in kochendem Salzwasser eine Minute blanchieren. Abtropfen lassen. Fleischröllchen in die Blätter rollen. In einer vorgewärmten Schüssel warm halten.

Die abgespülten Paksoistiele trokkentupfen und längs in Streifen schneiden. Speck würfeln, in einem Topf ausbraten und das Gemüse darin 4 Minuten garen. Abschmecken. In der Schüssel mit den Rouladen anrichten. Butter leicht bräunen und auf die Rouladen gießen. Mit Tomatenachteln garnieren.

Zubereitungszeit ca. 40 Minuten

Provenzalische Tomaten

Zutaten:
- 4 große feste Tomaten
- 2 Knoblauchzehen
- 1 Bund glatte Petersilie
- 4 EL bestes Olivenöl
- 5 EL Paniermehl
- Salz
- schwarzer Pfeffer
- 1 flache Auflaufform
- Öl für die Form

Tomaten abspülen, mit einem Tuch abtrocknen und waagerecht mit einem scharfen Messer halbieren. Die Knoblauchzehen abziehen und fein hacken. Die Petersilie abspülen, ausschütteln und etwas grober hacken.

Knoblauch, Petersilie, 3 Eßlöffel Olivenöl und das Paniermehl mischen. Mit Salz und frisch gemahlenem Pfeffer abschmecken. Die Schnittflächen der Tomaten salzen und die Würzmasse aufstreichen.

Auflaufform mit reichlich Olivenöl einfetten. Die Tomatenhälften eng aneinander hineinlegen. Im vorgeheizten Backofen (mittlere Schiene) bei 200° (Gas: Stufe 3/Umluft: 180°) ca. 25 Minuten überbacken, bis die Kruste goldbraun ist.

Zubereitungszeit ca. 45 Minuten

Unser Tip

Und ganz vorzüglich schmeckt dazu Knoblauchbrot. Also: Ein kleines Baguette in Scheiben ein- , aber nicht durchschneiden. In die Zwischenräume Knoblauchbutter streichen und das Brot im Ofen aufbacken. Trinken sollten Sie einen fruchtigen Rosé oder einen leichten Roten.

Grüne Austernpilz-Terrine

Zutaten:
- 3 Schalotten
- 2 EL Butter
- 3 Knoblauchzehen
- 750 g Austernpilze
- Salz
- weißer Pfeffer
- 4 Bund glatte Petersilie
- 500 g Kalbsbrät
- 1 Ei
- 3 Eigelb
- 1 Becher (150 g) Crème fraîche
- 1 EL Cognac
- 2 TL Pastetengewürz
- 1 Terrinenform
- Butter für die Form
- Alufolie
- Salatblätter und Petersilie zum Garnieren

UNSER TIP

Leute mit der feinen Zunge schwören darauf, daß glatte Petersilie in jedem Fall besser würzt. In der Tat ist sie von anderem Aroma als krause Petersilie. Sie würzt »blumig«.

Geschälte, gehackte Schalotten in der Butter in einer großen Pfanne glasig braten. Knoblauch durch die Presse zugeben. Austernpilze abreiben und die Stielenden wegschneiden. Kleine Pilze ganz lassen, große in Scheiben schneiden. In der Pfanne braten, bis die Flüssigkeit verdampft ist. Ein paar Pilze zum Garnieren zurücklassen. Die übrigen salzen und pfeffern. Petersilie abspülen, ausschütteln und fein hakken. Kalbsbrät, Ei, Eigelb, Crème fraîche, Cognac und Petersilie verrühren. Mit Salz, Pfeffer und Pastetengewürz abschmecken. Die Form einfetten und mit Folie auslegen. Die Hälfte der Brätmasse einfüllen, die gebratenen Pilze darauf verteilen und die übrige Brätmasse einfüllen. Glattstreichen, mit Folie abdecken und den Deckel auflegen.

Fettpfanne mit heißem Wasser füllen. Form hineinstellen. Terrine im vorgeheizten Backofen bei 180° (Gas: Stufe 2/Umluft: 160°) 1 Stunde garen. Auskühlen lassen, stürzen und in Scheiben schneiden. Auf Tellern anrichten. Mit Salat, Petersilie und Pilzen garnieren.

Zubereitungszeit ca. 2 Stunden

Staudensellerie mit würzigen Dips

Zutaten:
800 g Carmel-Staudensellerie
Für den Quark-Dip:
250 g Quark (20 % Fett i. Tr.)
100 ml Milch
1 zerriebene Knoblauchzehe
1 EL gehackte Zwiebel
1 EL gehackte Petersilie
1 EL Schnittlauch-Röllchen
1 EL gehackte Kapern
Salz
weißer Pfeffer
Für den Gorgonzola-Dip:
250 g Gorgonzola
100 ml Milch
1 EL Orangensaft
1 EL fein geraspelte Orangenschale
Für den Tomaten-Dip:
125 g Salatmayonnaise
100 g Schmand
1 TL scharfer Senf
1 EL Tomatenmark
2 EL Tomatenketchup
Zucker
Salz
weißer Pfeffer
schwarzer Pfeffer, grob

Staudensellerie in Stangen teilen, putzen, gerillte Außenseiten dünn schälen, abspülen, Stangen nach Wunsch einmal längs halbieren. Hübsch anrichten.

Für den Quark-Dip alle Zutaten verrühren und kräftig abschmecken.

Für den Gorgonzola-Dip den Käse durch ein Haarsieb streichen. Mit der Milch glattrühren. Den Orangensaft untermischen. Anrichten und mit den Orangenraspeln bestreuen.

Für den Tomatendip Mayonnaise, Schmand, Tomatenmark und -ketchup verrühren. Mit Zucker, Salz und Pfeffer abschmecken. Angerichtet mit geschrotetem Pfeffer bestreuen.

Dazu schmeckt Stangenweißbrot oder Toast.

Zubereitungszeit ca. 40 Minuten

Broccoli-Terrine mit Käsecreme

Zutaten für 4-6 Personen:
- 500 g Broccoli
- ¾ l Fleischbrühe
- 500 g junge Möhren, möglichst gleichgroß
- Salz
- 1 Prise Zucker
- 60 g Butter
- 12 Blatt Gelatine
- ¼ l Schlagsahne
- weißer Pfeffer
- geriebene Muskatnuß
- Öl für die Form
- 200 ml Kaffeesahne (12 %)
- 150 g Schmelzkäse-Zubereitung mit Walnüssen (55 % Fett i. Tr.)
- 1 Kastenform
- Pergamentpapier

Abgespülten Broccoli samt Strünken grob zerkleinern. In der kochenden Fleischbrühe 15 Minuten garen. Mit der Brühe in den Mixer geben und pürieren. Geschälte Möhren in Salzwasser mit etwas Zucker in 15 Minuten bißfest kochen. Abgetropft in 20 g Butter schwenken. Gelatine einweichen, ausdrücken. Restliche Butter schmelzen. Gelatine zugeben und mit dem Schneidstab des Handrührgerätes unters Broccolipüree arbeiten. In den Kühlschrank stellen. Sahne steif schlagen und unterziehen, sobald das Püree zu gelieren beginnt. Mit Salz, Pfeffer und Muskat abschmecken. Die Form mit Öl fetten, mit Pergamentpapier auslegen, so daß es auf beiden Seiten übersteht. Auch mit Öl einstreichen. Drei Lagen Broccolimasse einfüllen, dazwischen je eine Lage Möhren. Mit dem Pergamentpapier abdekken. Im Kühlschrank über Nacht fest werden lassen. Für die Käse-Creme Kaffeesahne und Käse cremig rühren. Abschmecken.

Broccoli-Terrine am Papier aus der Form heben. In Scheiben geschnitten mit Käse-Creme anrichten.

Zubereitungszeit ca. 1 ¼ Stunde (ohne Wartezeit)

Unser Tip

Die Terrine reicht als Vorspeise für 10 Personen. Für 4–6 Personen ist sie ein leckeres Abendessen.

Spinat mit Schinken und Eiern

Zutaten:

- 8 deutsche Eier
- Salz
- 2 EL Essig
- 600 g Blattspinat
- 100 g durchwachsener Speck
- 2 EL Butter oder Margarine
- 2 Zwiebeln
- 1 Knoblauchzehe
- 250 g gekochter Schinken
- weißer Pfeffer
- geriebene Muskatnuß
- je 1 TL Basilikum und Oregano
- 1 Prise Zucker

Reichlich Wasser in einem schmalen hohen Topf aufkochen. Salz und Essig zugeben. Eier – eins nach dem anderen – aufschlagen und hineingleiten lassen, Hitze reduzieren und jedes Ei 4 Minuten garen (pochieren). Mit dem Schaumlöffel herausheben und warm stellen.

Spinat verlesen, gründlich waschen und mit dem Tropfwasser in einem erhitzten Topf (Deckel auflegen) zusammenfallen lassen. Abtropfen lassen und leicht salzen.

Den Speck klein würfeln. Im erhitzten Fett in einem großen Topf glasig braten. Die geschälten, klein gewürfelten Zwiebeln und die geschälte, zerriebene Knoblauchzehe zugeben. Goldgelb werden lassen. Dann den Schinken würfeln und darin kurz braten. Schließlich den Spinat unterheben und erhitzen. Mit Salz, Pfeffer, Muskat, Basilikum, Oregano und Zucker abschmecken. Mit den pochierten Eiern anrichten.

Dazu schmecken in Butter und Petersilie geschwenkte Salz- oder Pellkartoffeln.

Zubereitungszeit ca. 40 Minuten

Gemüseterrine zum Genießen

Zutaten:
2 mittelgroße Zwiebeln
250 g Champignons
40 g Butter
Salz
weißer Pfeffer
300 g Bundmöhren
300 g grüne Bohnen
100 g Pikantje (Gouda)
2 EL Mehl
5 Eier (Gew. Kl. 3)
1 Kastenform
(26–28 cm ∅)
Alufolie

Zwiebeln abziehen, halbieren und in feine Scheiben schneiden. Champignons putzen, abspülen, in einem Küchentuch trocknen und in Scheiben schneiden. Zwiebel- und Pilzscheiben in der heißen Butter 5 Minuten kräftig braten und mit Salz und Pfeffer abschmecken.

Möhren putzen, waschen und in Scheiben schneiden. Bohnen putzen, abspülen und in Stücke von 6 cm schneiden. Möhren in Salzwasser 5 Minuten, Bohnen 10 Minuten garen. Ablaufen lassen. Mit Salz und Pfeffer abschmecken. Gouda reiben. Mehl mit einem Ei glatt rühren. Die übrigen Eier und den Käse unterrühren. Mit Salz und Pfeffer abschmecken.

Kastenform mit Alufolie auslegen. Gemüse mit je 4 Eßlöffel Eiermasse abwechselnd in die Form schichten. Mit der restlichen Eiermasse abschließen. Im vorgeheizten Backofen bei 200° (Gas: Stufe 3/Umluft: 175°) 60 Minuten stocken lassen. Auf eine Platte stürzen.

Die Terrine kann lauwarm mit Tomatensoße oder kalt mit Mayonnaise serviert werden.

Zubereitungszeit ca. 2 Stunden

Frühlingszwiebeln mit Käse überbacken

Zutaten:
- 3 Bund Frühlingszwiebeln
- 4 Scheiben (à 50 g) gekochter Schinken
- Butter für die Form
- 200 g Schnittlauchkäse (Subenhara)
- 1 Pieform

Frühlingszwiebeln putzen, abspülen und der Länge nach teilen. In einem Sieb mit kochendem Wasser überbrühen, mit kaltem Wasser abschrecken und abtropfen lassen.

Die Schinkenscheiben locker aufrollen, in ca. 1 cm breite Stücke schneiden und in die gefettete Form legen. Die passend zugeschnittenen halben Frühlinszwiebeln dicht nebeneinander sternförmig auf dem Schinken anordnen.

Den Schnittlauchkäse in Streifen schneiden und auf den Zwiebeln verteilen. Im vorgeheizten Backofen bei 200° (Gas: Stufe 3/Umluft: 180°) 10-12 Minuten überbacken, bis der Käse geschmolzen ist.

Dazu schmeckt frisch aufgebackenes, knuspriges Meterbrot.

Zubereitungszeit ca. ½ Stunde

UNSER TIP

Frühlings- oder Lauchzwiebeln sind sehr schnell gar. Gewürfelt oder in Ringe geschnitten, sind sie in 2 Minuten glasig gebraten. Selbst die ganze Zwiebel braucht nur – je nach Größe – 5 bis 10 Minuten.

Rezepte

Austernpilzgratin
mit Kartoffeln 66

Blumenkohlpudding
mit Kresse-Käse-Rahm 30
Blumenkohl-Gratin mit Salami 42
Broccoli-Auflauf
mit Käse und Mandeln 48
Broccoli-Terrine
mit Käsecreme 86
Bunte Champignonpfanne 6

Champignon-Quiche
mit Kräutern 56

Dicke Bohnen
mit Möhren und Käse 18

Frühlingszwiebeln
mit Käse überbacken 92

Gebratene Mais-
Käse-Laibchen 46
Gefüllte Mini-Gurken 64
Gefüllte Zwiebeln
mit Käsesoße 28
Gefüllter Porree 68
Gemüseterrine
zum Genießen 90
Gemüse-Fondue
mit Tofu und Fleisch 14
Geschmolzene Tomaten
in Omeletts 50
Grüne Austernpilz-Terrine 82
Grünspargel
mit Sahne-Hollandaise 10

Herzhaft gefüllte
Champignons 40
Herzhafter Steckrübentopf 26
Holländische
Gemüse-Terrine 38
Holländischer
Gemüse-Fächer 58

Käseschaum
mit Kresse auf Spargel 24
Kohlrabi-Fleischwurst-
Schmaus 36

Mediterrane Gemüsepfanne 20

Paksoi-Rouladen
und Paksoi-Gemüse 78
Paprikaschoten
mit Erdnußfüllung 52
Pizza nach Art
der Niederländer 72
Provenzalische Tomaten 80

Shii-Take-Gemüse-Pfanne 12
Schinken-Chicorée
mit Eierhaube 44
Sellerie mit Möhren
und Zucchini 70
Sommergemüse
mit Erdnuß-Zitronensoße 8
Spargel mit feinen Beilagen 62
Spargel-Rotbarsch-Pizza 22
Spinat mit Schinken
und Eiern 88
Staudensellerie mit
würzigen Dips 84

Tomatentorte mit Basilikum 16
Tomaten-Blumenkohl-
Schüssel 76

Überbackene
Gemüse-Fisch-Schüssel 74
Überbackene Porree-Rollen 54

Vegetarische Kohlrouladen 32
Vollkorn-Pfannkuchen
mit Spinatfüllung 34

Zwiebelkuchen 60